AF457236

APOLOGIE
POVR L'HONORAIRE
OV
RECONNOISSANCE
DEVE AVX ADVOCATS
à cause de leur trauail.

Par Maistre IACQVES DE LESCORNAY,
Aduocat en Parlement.

A PARIS,
Chez Iean de la Caille Imprimeur Ordinaire du Roy & de sa Maison, au Mont S. Hilaire proche le Puits-Certain.

M. DC. L.

A MONSEIGNEVR MESSIRE

MATHIEV MOLÉ

CHEVALIER CONSEILLER du Roy en ses Conseils, premier President en son Parlement de Paris.

MONSEIGNEVR,

MI aduoüe ingenument qu'il faloit vne plume meilleure que la mienne, pour bien descrire la nature de l'honoraire, & la noblesse de la profession des Aduocats; La necessité de me defendre, au procez auquel la méconnoissãce & l'ingratitude d'vn cliẽt m'ont reduit, apres vn employ continuel de seize ans, m'a forcé de tracer ces premieres lignes, afin d'exciter les autres qui s'en acquiteront mieux, à vous en dire dauantage. L'esperãce que i'ay que vous receurez de la satisfaction en l'effort que ces grands hommes feront, pour éleuer la chose iusqu'au poinct de sa perfection, me rend assez hardy, pour vous addresser cet auant-courrier de leur ouurage plus accomply. La disposition de droit qui me regle, & qui reserue aux Presidens & Iuges souuerains des Prouinces seuls, la connoissance de cet honoraire, m'oblige à vous en dedier l'Apologie: Et vostre incomparable bonté, tant de fois experimentée, me promet que vous receurez cet essay, comme vn tribut de ma sujetion, & que vous daignerez me continuer la grace que vous m'auez cy-deuant accordée, de me pouuoir qualifier,

MONSEIGNEVR,

Vostre tres humble & tres
obeïssant seruiteur,
DE L'ESCORNAY.

APOLOGIE POVR L'HONORAIRE *ou reconnoiſſance deuë aux Aduocats, à cauſe de leur trauail.*

LA nonchalance des hommes qui ſans examiner la verité des choſes, ſe laiſſent emporter au courant du vulgaire, eſt cauſe que beaucoup ſont dans cét erreur, *que les Aduocats n'ont point d'action pour leur honoraire*, & s'en formans vne fin de non receuoir, ils la veulent faire paſſer pour bonne, quoy qu'elle ne ſoit fondée ny en raiſon, ny en Loy, ny en Ordonnance, ny en Couſtume, ny en Pratique, ny en Arreſts ; & qu'au contraire la raiſon la rejette, la Loy l'improuue, l'Ordonnance la combatte, la Couſtume luy ſoit contraire, la Pratique ne l'ait iamais cogneuë, & que les Arreſts la condamnent.

LA RAISON qui reiette cette fin de non receuoir, ſe tire de la premiere Loy que Dieu prononça, pour tous les hommes, en la personne d'Adam. *in sudore vultus tui vesceris pane tuo. Genes. 4.* Car de là s'ensuit, qu'apres le trauail, le moyen de viure se doit trouuer, comme il est au Leuitique 19. & au Deuter. 24. Laban trouua iuste de recompenser Iacob, de sa peine, Genese 19. Tobie enseigne cette leçon aux 4. & 12. Chap. de son histoire, & Salomon en son Ecclesiastique, 34. Compare au meurtrier, celuy qui ne recognoist pas le trauail d'autruy, & dit, qu'ils sont freres (la raison de cette comparaison, est *in l. 4. ff. de agn. lib. Non tantùm occidit qui necat sed & qui alimenta denegat.*) Quand le mesme Salomon demanda du bois au Roy Hiran, pour le bastiment du Temple, il n'oublia pas d'offrir le payement des ouuriers qui le coupperoient, & Hiran (quoy que Roy) ne fut pas honteux de demander à Salomon, des viures, en contreschange de son bois, estant naturel, de se secourir mutuellement; & finalement, S. Paul expliquant la parole de Iesus-Christ qui dit au 10. chap. de S. Luc, que celuy qui trauaille doit estre recompensé, adiouste au 9. chap. de sa premiere aux Corinthiẽs *Nemo stipendiis suis militat, &c.* S. Iacques, à son imitation fait le 5. chap. de son Epistre Catholique, pour aduertir qu'il y a malediction contre ceux qui refusent la recompense du trauail, & pour les menacer de la fureur du Dieu des armées, qui sçaura bien chastier les riches qui retiendront auaricieusement la peine de ceux qu'ils auront employez, parce qu'ils se rendent coulpables de l'vn des quatre pechez qui seuls crient vengeance au Ciel, comme horribles & contre nature; les trois autres sont, le parricide d'Abel en la Genese 8. le peché de Sodome au chap. 19. & l'oppression de la Vefue & de l'Orphelin en l'exode chap. 2.

Adjoûtons que quand Dieu voulut tirer son peuple d'Egypte, & qu'il luy commanda d'en emporter tout ce qu'il pourroit de precieux, ce ne fût pas pour luy faire faire vn larcin; mais pour faire qu'il se payast par ses mains, des trauaux qu'on auoit extorquez de luy, pendant sa captiuité; d'où s'ensuit, que ceux qui s'occupent aux choses vtiles à d'autres, peuuent auec Iustice, prédre d'eux quelque recompence raisonnable, pour leur ministere; & quand S. Paul en sa 2. aux Thessaloniciens, 3. dit *si quis non vult operari, non manducet*; Il nous veut enseigner, que celuy qui trauaille doit viure de son trauail: partant il ne faut point doûter, que la raison qui veut que chacun soit recompencé de son trauail, ne soit pour les Aduocats, & ne leur donne l'action, pour obtenir ceste recõpence, contre ceux qui par vne insigne impieté, ne l'offrent pas d'eux mesme, *quia non debent labores aliorum, aliis lucrum, vel fructum afferre*, l. 5.

Cod. de silentiar. lib. 12.

La loy qui veut que l'assistance que les Aduocats rendent à ceux qui les employent, soit recompencée, est la 38. *ff. locati*, les 5. & 6. & *ibi.* Faber. *Cod. de postuland. l. properandum* §. *Illo procul. dubio, in verbo honorariis* Cod. *de iudicijs & nouell.* 124. Faber. *& glossa in l. 1. Cod. de Aduocatis fisci, Canon. non licet* 11. *questio* 3. (*ex Augustino contra Macedon.*) Tous ces textes parlent de l'honoraire des Aduocats qui doit estre fourny comme deub, mais particulierement la loy 1. §. *In honorariis*, §. *si cui Cautum.* §. *si vero post caus. &* §. *& si nomine Palmarij, ff. de var. & extr. cogn.* en attribuë la cognoissance, aux Presidens des Prouinces, tant en demandant qu'en deffendant, à cause de l'importance de la matiere. En fin la loy de l'Empereur Claude rapportée par Tacite en l'onziéme liure de ses Annales ne sera pas inutile à ce sujet : on proposa dans le Senat, le restablissemẽt de la loy *Cincia*, qui defendoit aux Cliens de rien bailler par aduance à leurs Aduocats; la chose fut examinée de part & d'autre, & finalement apres grande cognoissance de cause, il fut arresté qu'on pourroit bailler aux Aduocats par aduance, de l'argent cõme auparauant, pourueu qu'on se bornast à 10. sesterces qui sont les cent escus de la l. 1. *ff. de var. & extraord. cogn.* L'ordonnance de l'Empereur Neron, rapportée par Suét. 17. & celle de Trajan, cottée par Pline, en sa derniere Epistre du liure 15. par lesquelles il est permis aux Aduocats de prendre quelque chose de leurs cliens, apres les causes iugées, ne seront pas sans fruict en cét endroit.

Il n'y à donc point de doûte, que la disposition de doict ne soit pour les Aduocats, & qu'elle ne leur attribuë quelque chose, pour leur trauail, & consequemment qu'elle n'aprouue l'action qu'ils intentent (pour s'en faire payer) contre les ingrats qui ne s'en acquittent pas, auec honneur.

L'ORDONNANCE du Roy Charl. 7. de l'an 1453. art. 45. regle l'honoraire des Aduocats, comme legitimement deub; Celle du Roy François premier à Ys sur Tille, ch. 5. art. 6. deffend aux Procureurs, de les en frauder, & celle de Blois artic. 161. & le Reglement de la Cour, auec l'Arrest du Conseil, pour le Presidial de Bourg en Bresse (rapporté dans l'Ordonnance au titre des Presidiaux, art. 19.) voulans que les Aduocats mettent au bas leurs éscritures, ce qu'ils en auront receu, approuuent, par vne consequence necessaire, qu'ils en prennent quelque chose, & qu'ils s'en fassent payer, par action, lors qu'ils les ont de bonne foy, deliurées sous l'esperance qu'on leur a donnée de les en payer.

LA COVSTVME de Paris art. 125. & suiuans, parlant de tous ceux qu'elle veut assujetir à la prescription, & ne faisant point de mention des Aduocats ; elle n'a pas voulu l'introduire contre eux, ny les rendre sans action.

La Pratiqve qui veut que les Aduocats soyent recompensez de leur trauail, se trouue *in stilo Parlamenti* au commancement, où l'on dit à l'Aduocat. *Nec libenter videas arramenta causarum quousque sis securus de salario*, & en vn autre endroit, [*Diuites*] *bene soluentes*, [*Diuitibus*] *non soluentibus præferas. Guido Pap. quest. 102. & 190. Lucius, cap. 1. lib. 5. art. 6. Faber. super l. 1. Cod. de Aduocat. fisci num. 1. & super l. quis-quis Cod. de postuland. num. 5.* passent pour certain, que l'honoraire des Aduocats est bien deub; les notes qui sont en marges des commentaires de Faber sur cette loy, *quis quis Cod. de postuland.* decouurent encore le sentiment de celuy qui les a faites, & l'vsage de son temps, lors qu'elles font mention d'vn Arrest du 17. Mars 1544. qui deffend aux Aduocats, de retenir les pieces des parties, pour asseurance de l'honoraire qui leur est deub ; & qui leur permet de se pourvoir en la Cour, pour s'en faire payer. Du Moulin rapporte sur la regle de Chancellerie *de Verissimili notitia numero 53.* qu'vn Aduocat ayant refusé de prendre ce qu'on luy offroit, à raison des Roolles, pour des escritures qu'il auoit faites & qu'il estimoit d'auantage : La Cour faisant droict sur la Requeste qui luy fut presentée à cette fin, luy en ordonna soixante liures parisis ; Bref, tous les iours, on voit l'honoraire des Aduocats, employé dans les declarations de despens, comme legitime & approuué, suiuant ce qu'en dit. la Loy 13. *sancimus Cod. de iudiciis.* D'où s'ensuit que l'action ne leur en peut estre deniée.

L'ARREST obtenu par Me Iean Arragon, contre Monsieur de Gesvre le 15. Decembre 1619. pour son trauail de quinze années, est celebre sur ce sujet; Me François de la Caille en obtint vn autre pour deux cens liures, au mois de Septembre 1611. Me Iacques Picard plaidant pour luy ; Me Iacques Matharel a fait iuger la mesme chose, par vn autre du 4. Iuillet 1644. On trouue vne Sentence du Preuost de Paris, du 29. Ianuier 1643. au profit de Me Iean le Noir, comme heritier du mesme Arragon, pour 4998. liures 13. sols, contre Mr de Luxembourg; Me Estienne Menjart en a fait rendre vne autre le 9. Ianvier 1646. pour 450. liures; Me François de Lamet l'a fait aussi iuger, au Chastelet, contre les creanciers de Mr de Mayenne, pour 2700 liures; Enfin la Cour des Aydes par son Arrest du 21. Ianuier, me fit d'office, deliurer par le Receueur des Consignations 400. liur. par preference à tous creanciers, pour mon trauail aux affaires du nommé le Quin, & sans que ie les eusse demandées.

Le vulgaire ignorant dit (il est vray) que les Aduocats n'ont point d'action pour leur trauail, parce qu'il est tellement noble & releué, qu'il ne peut estre estimé ny mis à prix, & que ce qu'on leur dõne s'appelle honoraire (qu'on ne presente que par honneur) non pas payement ou salaire, dont on puisse faire estat, & qui puisse estre demandé.

Les Aduocats demeurent d'accord de la Noblesse de leur profession & de la gloire qui en recompence la fonction, ils aduoüent que leur trauail comme tout spirituel, ne peut estre estimé ny iustemẽt payé d'aucune chose materielle; ils reconnoissent que chez les Romains, ils auoient le choix de iuger les causes ou de les plaider, *l. 14 Cod. de assess. l. 6. Cod. de postul. l. 1. Cod. de off. ciuil. Iudic. & l. vltim. Cod. de offic. diuersorum* Iudic; Qu'on leur deuoit rendre de grands honneurs *dicta l. vlt. de offic. diuers. Iudic.* & que le choix qu'ils faisoient de plaider, ne diminuoit en rien l'aduãtage qu'ils auoient d'estre Iuges, quand ils vouloiẽt *d l. 6.* C. *de postul.* Ils sçauent qu'on ne parloit d'eux, qu'auec des termes honorables & magnifiques *diserti, togati, l. 13. properãdum* §. I*llo procul-dubio* Cod. *de* Iudic; *Patroni*, pour dire, que les Cliens les deuoient respecter, comme les affranchis, ceux qui leur auoient donné la liberté, si l'on ne veut dire, comme ceux qui prenoient des Senateurs pour leur leurs protecteurs, *l.* 4. *Cod. de postul. & passim in toto iure*; Ils acqueroient la Noblesse par leur trauail *l.* 7. *Cod. de post.* & la qualité de *Clarissimi*, qui n'appartenoit qu'aux Magistats de consideration, *l.* 1. *C. de aduoc. diuers. iud.* Bref, l'honneur leur estoit tellement acquis, qu'on se contentoit de dire *honorati l.* 18. *Parabolan. Cod. de Episc. & cleric. l.* 1. *Cod. de offic. ciuil. iudic. & l.* 9. *in fine Cod. de postul.* adioustons mesme tout ce que les Empereurs disent à leur aduantage, *In l.* 14. *Cod. de Aduocat. diuer. iudic. & passim in totis his tit. & aliis.* Il ne s'ensuiura pourtant pas, que quelque recognoissance fructueuse ne leur soit deuë pour leur trauail, & que pour subuenir au corps qui contribuë à ces productions de l'Esprit, ils ne la puissent demander, lors que les Cliens trop auaricieux & trop ingrats, manquent à la presenter d'eux mesmes: Les Prophetes prenoient de l'argent ou autre chose de ceux qui les consultoient, quoy que leurs reuelations fussent entierement diuines, ~~en termes expres~~. 1. *Regum cap.* 9. 4. *Regum cap.* 8. Iesus-Christ n'improuuoit pas, que ceux qu'il auoit miraculeusement guarys, l'assistassent de leurs biens temporels, *Luc* 8. *Ipse iter faciebat per ciuitates & castella Prædicans & Euangelisans regnum Dei & duodecim cum eo & mulieres aliquæ quæ erant curatæ à Spiritibus malignis & infirmitatibus..... & aliæ quæ ministrabant de facultatibus suis*. Et quand S. Paul en sa 1. aux Corinth. 9. & à Thim. 5. dit qu'il faut que le Predicateur & le Prestre viuent de leur Ministere, ce n'est pas pour faire croire que leur employ n'est pas noble (il est releué bien au dela de celuy de l'Aduocat) mais pour faire entendre que chacun doit viure de son trauail, & que ceux qui en profitent, n'en doiuent pas estre mescognoissans, Il l'explicque plus au long en la mesme Epistre 1. aux Corinth. 9. *Nos vobis spiritualia seminauimus, magnum est si carnalia vestra metamus; qui in sacrario operantur, quæ de sacrario sunt, edunt, & qui altari deseruiũt cum altari participant, ita & Dominus ordinauit iis qui Euangelium annunciant, de Euangelio viuere*, & dãs la 2. aux Thess. 3. Il dit que s'il n'a pas vescu à leurs despens, ce n'a pas esté faute de droit qu'il en eust, ains seulement, pour ne leur estre point à charge, & pour estre mieux receu d'eux; il adjoûte qu'ils estoient obligez de le nourrir, puis qu'il les Euangelisoit: Bref, si l'on considere de pres le 16. chap. des Actes, on y trouuera deux exemples formels de cette pratique loüée & aprouuée: le premier est de Lidia qui se chargea de la nourriture de S. Paul & de son logement, en recognoissance de ce qu'il l'auoit instruite & baptisée: le deuxiesme est de ce Geolier de la ville de Philippes qui n'eut pas plustot esté baptisé, qu'il mist la nappe & festina S. Paul: Cette mesme pratique est fondée sur la doctrine de l'Euangile qui ne veut pas que les Apostres portent auec soy des prouisions pour leur viure, parce que la Iustice de Dieu veut que ceux qu'ils precheront leur en fournissent: Tout ainsi que le corps par ses actions seruiles, cõtribuë au soustien de l'esprit qui le guide, de mesme ceux qui font profession de biens & de richesses, doiuent par forme d'eschange, en faire part à ceux qui s'adonnent aux occupations d'esprit & les en secourent au besoin; Le péuple d'Israel (comme aujourd'huy les Chrestiens) nourrissoit par la prestation des dixmes, les Leuites qui ne s'occupoyent qu'aux choses diuines; dans les Estats du sciecle, les Roys & les Magistrats sont gagez aux despens du public qui reçoit le fruit de leurs occupations d'esprit; les Iuges qui sont en des degrez plus eleuez que les Aduocats, & qui sont gagez du public, ne méprisent pas de prendre des Espices & autres Vaccations, & de s'en faire payer, les vns par executoires qu'ils en deliurent, & les autres qui n'en deliurent point, par la retention des pieces & des iugemens qu'ils ont rendus; Mais font ils des vacations extraordinaires, que les parties n'ayent consigné? Les Aduocats aduancent leur peines & ne peuuent vser de cette retention de pieces, faut donc par équité, leur donner l'action pour s'en faire payer, conformement à l'Arrest cotté sur Faber & cy deuant allegué, n'estant pas iuste que leur trauail soit vtile & fructueux aux autres plustot qu'à eux mesme.

Noublions pas ce que S. Augustin dit à ce propos, sur le 2. verset du 80. Psalme, *Sumite Psalmum & date nobis tympanum*: Dauid fait dire par les Leuites, aux Seculiers, que s'ils veullent de la Musique, ils doiuent faire la despence des Instrumens, & sur cela, ce Saint Docteur escrit, que ceux qui s'adonnent aux choses d'esprit, doiuent viure aux despens de ceux qui en tirent ou profit ou plaisir.

Et si ce qu'on donne aux Aduocats pour leur assistance, ne se nomme pas payement, c'est a dire iuste prix de leur trauail, ains honoraire, c'est a dire simple marque honorable de l'obligation qu'on aduoüe leur auoir. Il n'en est pourtant pas moins deub, au cõtraire, il est d'autant plus fauorable, qu'il n'aquitte pas entierement le Client enuers son Aduocat; Car si l'Aduocat tomboit en necessité, le Client seroit en conscience, obligé de l'assister comme son bien facteur auquel il est demeuré redeuable; c'est l'opinion de Denis d'Halicarnasse au 2. liure des Antiquitez Romaines, ou parlant des Patrons & des Cliens (qui ont donné leurs noms aux Aduocats & à ceux qui se mettent entre leurs mains, à cause du rapport qu'il y à) dit que les Patrons doiuent assister leurs Cliens en leurs procez, & que les Cliens doiuent subuenir à leurs Patrons tombez en necessité: Saint Paul authorise cette Doctrine en son Epistre aux Romains 15. lors qu'au sujet des Aumosnes que les Macedoniens & Achayens enuoyoient aux Chrestiens de Hierusalem, que la famine pressoit: il dit qu'ils le faisoient par deuoir, comme estans obligez de faire part de leurs biens temporels, à ceux qui leur en auoyent donné de spirituels, n'estimant pas que l'honoraire, c'est a dire la nourriture fournye à ceux qui les auoyent preschez, fust suffisãte pour les dégager de l'obligation qu'ils leur auoient, *& debitores eorum sunt, nam si spiritualium eorum participes facti sunt, debent & in carnalibus Ministrare eis*, en l'Epist. aux Philipiens ou Macedoniens ch. 4. il louë ces peuples & les remercie, de l'argent qu'ils luy ont enuoyé, pendant sa prison, en reconnoissance de ses Predicatiõs & de ses Ministeres spirituels, desquels ils ne croyoient pas estre quittes, sous ombre qu'ils l'auoyent nourry, pendant qu'il auoit esté chez eux : Enfin lors qu'il partit de Malthe, il ne refusa pas (outre la nourriture qu'on luy auoit fournie pendant son seiour) les prouisions qu'on apporta dans son vaisseau, pour acheuer son voyage de Rome, parce qu'il crut les auoir bien meritées act. 28. C'est ainsi qu'il faut expliquer cette maxime, que les Aduocats n'ont point d'action; Ils n'en ont point, il est vray, pour se faire payer entierement de l'assistance qu'ils ont renduë aux Cliens, parce qu'elle ne peut estre estimée; mais ils en ont pour demander cét honoraire qui peut en quelque sorte estre estimé, eu égard à ce qu'il faut à vn homme pour viure & pour s'entretenir, pendant son trauail, auec quelque reserue pour la vieillesse & pour les maladies: Le corps & l'esprit contribuent au trauail des Aduocats; la fonction spirituelle ne produit aucune action corporelle, parce qu'elle est toute celeste & que l'esprit n'a besoin de rien qui soit en terre, la reconnoissance n'en despend que de la pure volonté du Client; la Iustice des hõmes n'est pas competante pour en iuger, il ny a que Dieu seul qui puisse prononcer contre ceux qui ne s'en acquittent pas auec Iustice; mais la corporelle qui dépend de la terre & qui est sujette à des necessitez temporelles, donne l'action pour l'honoraire qui est destiné pour sa subsistance, parce que chacun doit viure de son trauail; Ce qu'on adiuge aux Prestres pour leur Ministere, n'a point de proportion auec les Sacremens qu'ils conferent, non plus que ce qu'on ordonne aux Predicateurs, auec la doctrine qu'ils enseignent; on ne considere que l'operation corporelle qui doit estre entretenuë & pour laquelle on donne l'action (sans considerer le reste qui ne dépend que de la volonté) C'est ainsi que S. Paul l'entend lors qu'en son Epistre à Timothée 5. il dit que les bons Prestres sont dignes de deux hõneurs, l'vn consistant au respect & à la defference qu'on leur rend, & l'autre en l'assistance temporelle qu'on leur doibt & par le moyen de laquelle on les met en bien plus hault degré d'honneur; expliquons cecy d'auantage.

Est-il pas vray qu'il ny a rien plus aisé, que faire de l'honneur en paroles & complimens, en salutations & reuerences, en preseances & condescendances & en toutes telles autres ciuilitez, l'on en fait bien souuent à ceux qui les meritent le moins, mais quand on met la main à la bourse, c'est vne marque asseurée de l'estime qu'on fait de la personne à laquelle on donne; on la declare doüée des bonnes parties, & des rares qualitez, qui rendent les hommes dignes d'honneur; l'Empereur, *In l. vnic. §. sed vt manifestatur* C. *de caduc. tallend.* voulant parler d'vn donataire, vse de ces termes *donatione honoratus* parce que *bene merentibus donationes obueniunt*; celuy qui donne, porte témoignage du merite du donataire, & par ce moyen luy fait hõneur: aduouera-on pas que c'est par les presens, que les sujets honorent plus sensiblement leurs Rois, & que les hommes recognoissent plus efficacement, la toute puissance de Dieu; n'est-ce pas pour cela que les Rois voisins de Salomon, qui vouloient gouster les fruits de sa Sapience, ne le venoient point voir qu'auec de grands presens, pour tesmoigner leur zele, & pour luy faire plus d'honneur *Reg. 3. Cap. 9.* n'est-ce pas, pour cela que les Mages venans faire honneur à Iesus-Christ, aporterent des fruits de leur pays, & les luy presenterent ; & n'est-ce pas pourquoy S. Luc aux actes 28, parlant des ciuilitez que les Malthois rendirent à Sainct Paul & de l'assistance temporelle qu'ils luy donnerent, dit, *quia etiam multis honoribus nos honorauerunt & nauigantibus imposuerunt quæ necessaria erant*? Si ces peuples se fussent contentez de faire des reuerences, Il se fust aussi contenté de dire *nos honorauerunt*; mais parce qu'ils fournirent des choses temporelles, qui faisoient que l'honneur estoit double & multiplié, il adiouste *multis honoribus* : c'est ainsi que Virgile le pratique au 5. de *l'Æneide* ou parlant des presens qu'on fit à ceux qui s'estoient signalez à la course Nauale, il les nomme honneurs.

Ipsis præcipuos ductoribus addit honores.
Victori chlamydem.

Si l'on considere ce passage de plus pres, on y trouuera ces deux honneurs naiuement representez; car apres auoir dit que Cloanthus a esté declaré vainqueur, & qu'on luy a donné la ne la Couronne de laurier qui est l'honneur simple, il adioûte, qu'on luy a pareillement donné trois beufs, du vin, & vn talent d'argent, qui est ce qu'on peut nommer honoraire: c'est à dire honneur vtile & corporel,

Victorem magnâ praeconis voce Cloanthum
Declarat, viridique aduelat tempora lauro
Muneraque in Naues, ternos aptare iuuencos
Vinaque & argenti magnum dat ferre talentum.

Bref, quand au 4 des Rois chap, 5. Naaman veut faire des grands presens au Prophete Elisée, en reconnoissance de ce qu'il l'auoit guary de sa lepre, c'est à dire, quand il veut offrir l'honoraire pour cette grande assistance celeste, il luy dit. *Ie vous supplie receuez de vostre seruiteur cette Benediction*, vsant de ce mot *Benediction*, comme s'il eust voulu dire, receuez les marques de l'estat que ie fais de vostre vertu & de l'obligation que ie reconnois vous auoir, ce seront les arres du bien que ie diray de vous & du tesmoignage que ie porteray de vostre merite & de vostre grand pouuoir; & Tacite au deuxiesme Chapitre de sa Germanie, dit, *Muneribus ornati*, & quelques lignes apres, parlant des presens qu'on faisoit aux Rois, il vse de ces termes, *Mos est ciuitatibus vltro, ac viritim, conferre principibus quod pro honore acceptum, etiam necessitatibus subuenit.*

N'oublions pas à ce sujet, vn exemple singulier qui se trouue, *in l. 6. si remunerandi. ff. mandati* ou l'on se sert du mot *Honor*, pour signifier la reconnoissance honorable qu'on auoit faite à vn mandataire auquel (le mot *Merces*, ne pouuoit conuenir, par ce que son ministere deuoit estre gratuit, *l. 1. eodem*) *si remunerandi gratia honor interuenerit, erit mandati actio*: cette prestation honorable n'est iamais reputée payement, ains honoraire ; parce qu'elle ne se fait que par honneur, ainsi que la Loy *Cincia*, nous fait entendre, lors que voulant parler *de muneribus & donis*, elle y comprend l'honoraire des Aduocats: or que cette Loy n'ait esté faite, *pro muneribus*, il n'en faut autre preuue que l'inscription de la Loy 19. *ff. de legibus*, tirée d'vn traité du Iurisconsulte Paul sur cette Loy, *Cincia, de muneribus & donis*, Tite Liue en dit autant en son 34. liure. D'où est venu qu'on là nommée *Muneralis*; nous en parlerons cy apres plus particulierement; faisons Aristote de la partie lors qu'au premier liure de sa Rethorique chap. 5. Il dit que les dons sont des signes d'honneur, & que ceux qui recherchent l'honneur, comme ceux qui trauaillent pour le gain, y trouuent leur satisfaction, parce que l'vn & l'autre si rencontrent; & finissons par le texte de Saint Paul, cy-deuant cotté; car il est trop precis à nostre sujet, *qui bene præsunt presbiteri duplici honnore digni habeantur*: L'Apostre passe outre,

& pour faire entendre qu'il vouloit, que l'vn des ces honneurs fust accompagné d'vtilité, il adiouste: *Dicit enim scriptura non alligabis os bouis triturantis, & dignus est operarius mercede sua.*

Disons donc que c'est de là, que le nom d'honoraire est venu, pour signifier vne presta. tion pecuniaire qui témoigne la grande obligation qu'on reconnoist auoir à quelqu'vn, & pour laquelle prestation, on peut estre poursuiuy en Iustice: non pas vn simple honneur de civilité qui depende de la volonté de l'obligé seulemẽt, & qui ne dõne point d'action; comme quelqu'vn à voulu dire faute de l'entendre.

Ceux qui s'imaginent que l'honoraire ne produit point d'action, parce qu'il vient d'hõneur, se mesprennent encore bien fort, puisque la simple consideration de l'honneur, en donne; tesmoins les procez qu'on voit tous les iours, pour des preseances, pour des foy & hommage, pour des iniures & reparations d'honneur, & autres telles choses, pour lesquelles, les Tribunaux sont plus occupez que pour des actions reelles & pecuniaires.

Pour conclusion, les anciens qui ont auec tant d'hõneur, parlé des Aduocats, n'ont iamais entendu les obliger à trauailler pour rien ny leur dénier l'action pour l'honoraire; au contraire, ils ont approuué les pactiõs qu'ils en ont faites *l. 1. §. si cui cautũ ff. de var. & extraord. cog. l. 3. initio Cod. de postulando*, & mesme ont recognu, que cette profession n'estoit embrassée, que pour ietter les fōdemens de quelque mediocre fortune *l. 9. Cod. de Aduocat. diuers. iudic.* le texte en est beau; l'Empereur parlant de l'Aduocat qui auoit esté pourueu de quelque charge publique, dit que cette charge finie *ad illud officium vnde abstractus est & vnde sibi vitæ subsidia comparabat, remeandi habeat facultatem.*

C'est ainsi que Tacite au susdit ch. 13. *de moribus Germanorum*, parle des presens que les Germains faisoient à leurs Rois; il ne dit pas seulement, que les Rois receuoient ces presens par honneur, il adioûte qu'ils les receuoient aussi pour subuenir à leurs necessitez *Mos est Ciuitatibus, vltro ac viritim conferre principibus, vel armentorum vel frugum, quod pro honore acceptum, etiã necessitatibus subuenit.* Bref, on trouue des doctes qui disent que les presens des Mages, qui ne furent faits que par honneur, seruirent pour l'education & pour l'entretenement de Iesus-Christ, pendant sa ieunesse.

Adioustōs *l. 4. C. de Aduoc. diuers. Iud.* laquelle parlant du gain que l'Aduocat a fait en sa profession, cōme d'vne chose legitime & bien meritée, approuue ouuertement que les Aduocats reçoiuent quelque recompense de l'assistance qu'ils rendent à leurs Cliens.

Finissons ce poinct, *per leg. 6. Cod. de post.* on y passe bien outre, & l'on y blasme l'Aduocat qui refuse de prendre ce que son Client luy offre liberalement & sans contrainte.

Donc il ne faut point argumenter de la noblesse des Aduocats pour conclure qu'ils ne doiuent rien demander pour leur trauail, veu principalemẽt qu'il ne s'en trouue aucun, non pas mesme entre les plus scrupuleux, qui n'ait deux fins en son trauail, Celle de l'honneur, & Celle de l'honoraire ou prestation pecuniaire qui, par vne loüable coûtume, se fait par les Cliens, & sans la quelle tant de beaux esprits ne ruïneroient pas la santé de leurs corps, & ne depenseroient pas leur patrimoine pour se rendre capables de la fonctiõ d'Aduocat : & si dans la Republique Romaine, il s'est trouué des Aduocats qui ont plaidé des causes sans en rien prendre, ce n'a pas esté pour paruenir au simple honneur de les auoir bien deffendues, mais pour de la, monter aux Dignitez & Magistratures de l'Estat, qui ne se donnoient qu'aux gens d'honneur, d'estude & de vertu : c'estoit la leur but principal, qui valloit bien au dela de l'honoraire, & sans lequel ils ne se fussent pas tant trauaillez pour la deffence des particuliers ; Mais en France ou les honneurs & les magistratures se vendent au prix de l'or, & ou le trauail des Aduocats ne reçoit autre recompence que celle de l'honoraire, il ne se faut pas estonner, s'ils le demandent, lors que les Cliens ne le presentent pas d'eux mesmes; parce que tout trauail merite sa recompence, & qu'aucun n'est obligé par la Loy de la societé ciuile, de s'employer aux interests d'autruy sans vne remuneration reciproque.

Puisque nonobstant toutes ces choses, vn Aduocat trop complaisant à la passion auaricieuse d'vn Client ingrat, & fondé seulement sur le Commentaire de Mornac, *in legem. 28. ff. locati*, a bien osé soustenir en pleine Audiance, que l'honoraire ne pouuoit estre demandé par action, en Iustice; Ie me trouue obligé pour garẽtir les autres de cet erreur, de remarquer icy, que tant s'en faut que Mornac soit de cet aduis, qu'au contraire, par sa façon d'en parler, il establit entieremẽt l'action, cõme raisonnable & de droict; il ne dit pas que les Aduocats n'ont point d'action pour leur honoraire, mais bien, qu'il ne la iamais veuë en pratique; est-ce fauoriser l'intention de cet Aduocat complaisant? puis que Mornac ne parle que de la pratique qu'il n'a pas veuë, c'est qu'il n'a pas douté du droict, ny trouué mauuais qu'vn Aduocat peust agir, pour le recouurement de ce qu'il luy seroit deub, pour son trauail, si tant estoit qu'il se rencontrast quelqu'vn si peu genereux & si peu conſcientieux, que de ne le pas reconnoiſtre de ſoy meſme.

Ce meſme Aduocat tombant de la complaiſance en la paſſion, & de la dans l'aueuglement, s'eſt porté iuſqu'à nier que la Loy 1. *ff. de var. & extraord. cognit.* puiſſe fauoriſer l'action pour l'honoraire ; r'adreſſons le charitablement, & luy deſſillons les yeux, pour luy faire voir qu'il s'eſt meſpris lourdement, & que l'opinion des Iuriſconſultes, & l'vſage de leur temps, ont touſiours approuué cette action & l'ont miſe au rang de celles qui pourroient eſtre legitimément intantées.

Mais auparauant, recherchons d'où peut eſtre venuë cette fauſſe maxime, que les Aduocats n'ont point d'action ; il y a grande apparence qu'elle ait pour origine vne faute notable que l'Auteur du *Lexicon Iuris* a faite, *in verbo honorarium*, où il dit, que l'honoraire ne produit point d'action & ne peut eſtre demandé, alleguant pour tout fondement de ſa propoſitiō, le docte Conan qu'il ſuppoſe eſtre de cet aduis au 15. Chap. nomb. 7. mais c'eſt ſans l'auoir bien conſideré : car le contraire s'y trouue en termes expres, pourueu qu'on le liſe entier, comme n'a pas fait cet Autheur du *Lexicon*, qui n'en à leu que ces mots, *omnia enim iſta quæ Magiſtratibus aut eorum Miniſtris ſoluuntur, honoris ſunt potius quam neceſſitatis, vnde honoraria appellantur, nec exigi debent aut peti, ſed accipi si offerantur, ideo nulla eorum nomine actio legitima & ciuilis competit*, iusque-là Conan semble nous estre contraire ; mais si l'on voit la suitte, on y trouuera nostre deffence bien formelle, *sed extraordinem eis ex æquo & bono succuritur*. Il n'importe aux Aduocats d'auoir vne action legitime & ciuile, où d'en auoir vne extraordinaire, c'est assez qu'ils se puissent adresser à vn Iuge pour auoir raison de ceux qui leur refusent l'honoraire, & que ce Magistrat puisse en quelque façon que ce soit leur y faire droict, ; car c'est autant que s'ils auoient vne action ordinaire. Retournons à l'opinion des anciens Iurisconsultes & à l'vsage de leur temps.

Il faut passer pour constant qu'au commancement & pendant la Republique de Rome les Aduocats ne se chargeoiët d'aucune cause pour plaider, qu'ils n'eussent esté payez par aduance, & cette façon de viure a duré sans interruption, iusqu'à ce que *Cincius* pour oster les abus qui s'y glissoient, eust faict passer au Senat, vn Edict portant deffences expresses aux Cliens, de rien bailler aux Aduocats, par aduance, & pendant qu'ils estoient encore chargez de leurs causes, Tite Liue au 34. liure de ses Annales, & beaucoup d'autres ont parlé de cette Loy.

Cette Loy conserua quelque temps, sa vigueur ; mais le mal que produisoit l'ingratitude

titude des Cliens qui negligeoient apres le iugement de leur procez, de recognoistre ceux qui les auoient assistez au besoin : ioint qu'il n'estoit pas raisonnable, que ceux qui se donnoient & leur industrie, au soulagement des autres, demeurassent sans reconnoissance & sans recueillir quelques fruits de leur trauail ; fit remettre les choses en leur premier estat, parce qu'on crut qu'il y auroit moins d'inconueniens qu'en l'autre.

Au temps de l'Empereur Claude, les choses estans retombées dans vne autre extremité, l'on repropos a la mesme Loy, dans le Senat ; Mais la proposition ayant esté bien considerée, & les raisons de part & d'autre, balancées, on prit vne voye moyenne, pour empescher que les Aduocats ne fussent fraudez de leur honoraire, & pour arrester aussi le cours auaricieux de ceux qui donnoient sujet à toutes ces reformations, on permit aux Aduocats, de prendre comme auparauant, par aduance ; mais à condition, qu'ils ne pourroient receuoir plus de dix sesterces pour chacune cause. C'est Tacite qui nous cotte cette Ordonnance, en l'onziéme liure de ses Annales. *Princeps capiendis pecuniis posuit modum vsque ad decem sestertia.* Il s'en trouue qui nous asseurent, que sous Auguste, & quelqu'autres fois encore, cette Loy *Cincia*, fust remise sus, depuis son pre-

E

mier establissement: mais parce que l'esclaircissement de ce faict ne seroit pas ici fort vtile, n'estant qu'vne repetition du passé, ie m'en r'apporte aux plus curieux qui voudront en faire la recherche, pour leur satisfaction particuliere.

Sous l'Empereur Neron, au commencemẽt de son regne, Il se fit encore quelque contrauention a cette Ordonnance, puis qu'il fut contraint d'y mettre la main, & de faire deffence aux Aduocats de plus rien prendre par auance, pour les causes qu'ils auroient à plaider: *Ne quis ad causam orandam mercede aut donis emeretur*, *Tacite lib. 13. Annal.*

Quelque temps apres, l'experience de l'iniustice des Cliens & de leur ingratitude, l'obligea de faire vne autre loy sur ce sujet, par laquelle il les condamna de reconnoistre les Aduocats qui les auroiẽt assistez en leurs affaires, de quelque somme iuste & raisõnable, authorisant en ce faisant, l'action que les Aduocats auoyent, pour leur trauail passé, *cautum est vt litigatores, pro Patrocinio, certam iustamque mercedem darent. Suet. in Neron. Cap. 17.*

Sous l'Emperur Trajan, l'Orateur Nominatus n'ayant pas bien deffendu la cause des Vincentins: on ne se contenta pas de le condãner à rendre ce qu'il en auoit receu par aduance: mais aussi l'Empereur fit vne Loy tres seuere sur ce sujet; sans que Pline qui en parle en sa 14. Epistre du 5. liure, dise qu'elle elle fut ; il se contente d'adiouster, qu'en sa seuerité l'on trouua de la douceur. *Imperator tulit legem seueram, sed moderatam.*

Le mesme Pline en sa derniere Epistre du mesme liure, rapporte qu'il fallut encore mettre la main à cette affaire, pour empescher que les Cliens ne payassent leurs Aduocats, par aduance; on s'auisa d'ordonner que de la en apres, auparauant que les plaideurs pussent estre receus a contester, ils seroient enquis par serment, pour scauoir s'ils auroient dõné, promis, ou asseuré leurs Aduocats, de quelque chose, pour la deffence de leur causes, tant on trouuoit que cette prestation par aduance, estoit preiudiciable au public, *omnes qui quid negotij haberent iurare priusquam agerent iubebantur, nihil se ob Aduocationem cuiquam dedisse, promisisse, cauisse* (ne passons pas outre, sans faire icy mention de ce que Pline adjoûte en suitte *peractis tamen negotiis* [*Clientes*] *permittebantur pecuniam, duntaxat decem millium, dare* : Car par ces termes, nous aprenons, que toutes les difficultez qu'on auoit auparauant faites, sur le sujet de l'honoraire, n'estoient qu'à cause du payement par auance, que les vns vouloiẽt & que les autres improuuoient, & que hors ce cas il n'y eut iamais de contestation, tellemẽt que personne ne doûtoit qu'apres le trauail, cét honoraire ne pust estre payé ou demandé, ce qui sert merueilleusement pour l'appuy de nostre proposition.)

Pour conclusion, toutes ces choses furent enfin, reglées suiuant l'Ordonnance de l'Empereur Claude qui permettoit de bailler par aduance, iusqu'à 10. sesterces qui valoient 100. escus, & rien plus, & l'vsage s'en est affermy de telle sorte qu'il a seruy de matiere pour la Loy. 1. *ff. de var. & extra. cogn.*

Voyla les termes ausquels la chose fut apres tant de diuersitez, reduite, sans qu'il paroisse qu'on y ait rien changé depuis, & voyla pourquoy l'on ne trouue point entre toutes les formules d'actions inuentées par le droict ciuil, qu'aucune ait esté composée, pour le recouurement de l'honoraire des Aduocats; Il n'en faloit point aussi, puis qu'il estoit payé par aduance, & qu'il n'estoit (pour l'ordinaire) iamais deub: mais il ne s'ensuit pas de là, que quand il n'auoit pas esté payé, l'action pour le demander fust deniée aux Aduocats: Esclaircissons ce point, & penetrons dans l'intention des Legislateurs, pour voir s'ils eussent approuué cette action, au cas que par quelque rencontre elle se fust presentée, de leur temps.

1. Puis qu'on permettoit aux Aduocats, de receuoir l'honoraire par aduance, c'est qu'on recognoissoit qu'il estoit legitimement deub, par les raisons cy-deuant alleguées, & conse-

quemment, qu'on le pouuoit aussi bien payer apres, comme auparauant le trauail: Or il n'y a rien de si raisõnable en droict, que la demande d'vne chose deuë, puisque la Iustice n'a point d'autre fin, que de rendre à chacun ce qui luy appartient: Donc il faut conclure, que les Iurisconsultes n'auroient pû, sans contredire a soy mesme, qu'ils n'eussent approuué cette action, & qu'ils ne l'eussent fauorisée tout autant qu'ils eussent pu.

2. Puis que par toutes les choses cy deuant representées, on voit que les Aduocats estoiẽt comblez de toute sorte d'honneurs, & qu'ils estoient en tres-grande cõsideration: pourra-on doûter qu'ils ne fussent aussi traittez auec toutes sortes de faueurs, le tout ne venant que d'vn mesme principe qui est le trauail & les exercices de vertu.

3. Puis que quand les Aduocats auoient receu par aduance, l'honoraire, on ne les condamnoit iamais à le rendre, quoy que les causes n'eussent point esté iugées ny plaidées, pourueu qu'il n'y eust point de leur faute, tant on estimoit cét honoraire peu de chose en comparaison de leur ministere; à moindre raison, leur auroit-on denié les moyens legitimes pour le recouurer, lors que par leur trauail les choses auoient esté cõduites à leur fin.

4. Puisque Pline nous enseigne qu'apres les causes plaidées on pouuoit prendre l'ho-

noraire, quoy qu'il fust defendu de le prendre par aduance; Il s'ensuit que si les Cliens ne le presentoient pas apres l'assistance receuë, les Aduocats en pouuoient faire la demande, & se le faire adiuger, comme chose deuë, parce que *Non debent labores aliorum alijs lucrum ve fructum adferre.*

Passons de la coniecture à la verité constante; nous en trouuerons assez d'exéples en Droict, pour appuier de tout point, nostre propositiõ & pour faire voir, que l'actiõ pour l'honoraire a tousiours esté bien receuë en Iustice, & qu'on ne s'est iamais aduisé, de la fin de non-receuoir, dont on l'a veut combattre au iourd'huy.

Primo, Quand vn Aduocat au lieu de l'honoraire qu'il deuoit receuoir en se chargeant d'vne cause, se contentoit de la promesse qu'on luy faisoit de l'en payer apres l'affaire terminée; il est sans difficulté, qu'apres le iugement de cette affaire, il auoit droict de se pouruoir en Iustice, si tant estoit que le Client mãquast à son deuoir, *arg. l. 1. §. cautum ff. de var. & extraord. cogn.*

Secundò, Quand le Client auoit pactisé pour la deffence de sa cause auec son Aduocat; lors que cette cause estoit iugée, l'Aduocat pouuoit agir pour le payement de la chose promise, *lege vnic. Codice de suffragio, lege 3. Cod. de postul.*

Tertiò, Quand outre l'honoraire, le Client auoit promis quelque chose à son Aduocat, en cas de gain de cause: apres la cause gaignée, l'Aduocat auoit son action parée, pour le recouuremẽt de ce qu'on luy auoit ainsi promis, dict, *l. 1. §. etsi Palmarij ff. de var. & extraor. cog.*

Quartò, Quand apres le iugement d'vn procez, le Client s'obligeoit enuers son Aduocat, en quelque somme: Il est certain qu'apres le terme escheu, l'Aduocat pouuoit faire ses poursuites en iugement, afin d'en estre payé, *dict. l. 1. §. si vero post litem.*

Quintò, Quand il paroissoit que l'Aduocat auoit trauaillé, (supposé qu'aucunes des conditions cy-dessus ne se rencontrast) on ne delaissoit pas de luy donner cette action, parce qu'on presumoit vn pact tacite d'entre son Client & luy, pour le payement de l'honoraire; d'autant que celuy qui donne à quelque autre, de l'employ, s'oblige naturellement & ciuilement, à l'en recognoistre, & luy faire quelque gratification digne de sa personne, & proportionnée à son trauail. *Vide Glossam in l. vnic. Cod. de suffragiis, & aliam Gloss. in l. 7. ff. mandat.* En ces Gloses on cotte quatre sortes d'actions que les Aduocats ont, pour se faire payer de l'honoraire, entre lesquelles celle cy se trouue en termes si clairs, qu'il est impossible de ne s'y pas rendre à moins de passer pour opiniastre & sans raison. Neantmions puisque ceux qui tiennent l'opinion contraire ont desia tant fait paroistre de passion pour la deffence de leur cause, qu'ils en ont perdu la veüe de l'entendement, pour ne pas voir les choses qui les condamnent; n'oublions rien de ce qui peut seruir à les conuaincre, la quantité de moyens les persuadera peut-estre plutost que la qualite.

C'estoit vn vsage commun chez les Romains, que quand vn Aduocat s'estoit presēté pour la deffence d'vne cause, il estoit obligé, sous grande peine, de comparoir à toutes assignations, & proceder incessamment iusqu'à l'entiere definition du procez, *l. properandum §. Illo procul-dubio Cod. de Iudic.*

Il y auoit encore vne autre pratique, qui estoit, que les Plaideurs pouuoient choisir tels Aduocats que bon leur sembloit : mais si l'vn d'entre eux n'en auoit point, le Iuge luy en donnoit vn d'office, *l. 1. ff. de postul. l. 7. Cod. eod.*

En l'vn & l'autre de ces cas, si les Cliens manquoyent à payer l'honoraire par aduāce, le Iuge les y condamnoit, & les containgnoit au payement, à la premiere plainte que l'Aduocat luy en faisoit, *dict. §. Illo procul-dubio, Cod. de Iudic. honorariis scilicet à Clientibus præstandis, & si cessauerint per executores negotiorum exigendis.* Or si l'Aduocat pouuoit agir auparauāt que d'auoir trauaillé, qui dira qu'apres

le trauail

le trauail (qui le rend plus fauorable) l'action luy pust estre deniée? Faudroit auoir perdu le sens, pour soustenir de si grandes extrauagances: Le texte de Pline cy-deuant cotté ne nous sera pas en cet endroit inutile, *peractis tamen negotiis,* [Clientes] *permittebantur pecuniam duntaxat, decem milium, dare.*

Concluons donc auec Cujás sur la Loy 7. *ff. Mandati*, que de tout temps & en tous cas, les Aduocats ont eu l'action pour l'honoraire, bien loing de la leur denier apres le trauail principalement, comme les mal informez veullent faire; voicy comment Cujas en parle. *Nam Aduocato honorary est petitio, etiamsi ei cautum non fuerit.*

Voila ce me semble assez de choses pour faire presumer, que la Loy 1. *ff. de var. & extraord. cogn.* fauorise cõme toutes les autres, l'action pour l'honoraire: neantmoins, parce que nostre Aduocat aueugle, preuenu par ses imaginatiõs, qu'il estime des veritez, ne quittera iamais prise, s'il ny est violenté, faisons l'examen particulier de ceste Loy, pour en decouurir la veritable decision & pour le conuertir.

La fin de cette Loy, ne fut que de subuenir à beaucoup de personnes qui dans l'vsage ordinaire, n'auoient point d'action, pour le recouurement de ce qui leur estoit deub, en consequence de leur trauail, & qui pourtant, n'en deuoiẽt pas estre frustrez: Elle dit que le

President de chacune Prouince, mettra l'ordre qu'il trouuerra necessaire en telles rencontres, & particulierement, pour ceux qui enseignent les Arts liberaux, pour les Medecins & pour les Assesseurs des Iuges (sans toutefois y comprendre les Aduocats, parce que comme nous auons dit, leur honoraire se payoit par auance, & ne pouuoit regulieremẽt arriuer, qu'ils eussent besoin de cette action.)

En suitte, le Iurisconsulte demande si ceux qui voudront plaider contre toutes ces personnes ausquelles on dõne l'action, pourront aussi les poursuiure pardeuant le President de la Prouince; il respond qu'oüy, parce dit-il, que les Empereurs ont ordonné que ceux qui voudront demander quelque chose aux Aduocats, se pouruoiront pardeuant luy.

Il semble d'abord, qu'il y ayt quelque chose à redire en ce discours, lors que pour decider cette question, on allegue l'Ordõnance faite cõtre les Aduocats, desquels on n'auoit point encore parlé, & ausquels on n'auoit point donné d'action: Mais le Iurisconsulte en vse de la sorte, presuposant que si les Aduocats auoient à plaider, pour leur honoraire, ils se pourroient addresser au mesme President, parce que leur trauail n'est pas d'autre condition que celuy des Assesseurs, & de quelques autres de ceux qui sont auparauant, nõmez, & conclud que si les Empereurs ont ordonné, que le President seul, seroit le Iuge des differés d'entre les Aduocats & les Cliens; de mesme, il le seroit, aux affaires qui concerneroient les autres, qu'il met (quant à cecy,) dans vne mesme cathegorie.

I'estime, quand ny il auroit autre chose en tout le droict, que cette seule decision, elle seroit suffisante, pour faire presumer, que l'action des Aduocats contre les Cliens, n'estoit pas improuuée, lors qu'ils estoient forcez de la mettre en pratique.

Le Iurisconsulte expliquant d'auantage son intention & voulant faire voir, qu'il approuue l'action de l'Aduocat, pour l'honoraire, adiouste que s'il n'a pas esté payé par aduance, & qu'il se soit fié à la promesse que le Client luy a faite de le payer apres le iugement du procez; Item si le Client apres le procez iugé s'est obligé pour quelque somme enuers luy, ou s'il luy a promis quelque chose en cas de gain de cause, outre ce qu'il luy a baillé par aduance; & qu'apres tout cela, le Client refuse le payement de ce qu'il a promis, l'Aduocat pourra le poursuiure pardeuāt le President, pour le faire cōdamner, pourueu que le tout n'excede pas cent escus pour chacune cause, & qu'il ny ait aucun pact *de quota*.

Apres toutes ces choses, vn homme tant soit peu s'ensé pourra-il dire que cette Loy ne parle point de l'action qu'ont les Aduocats pour l'honoraire. Mais supposé qu'on y pust encore desirer de l'esclaircissement, se trouue-il pas entier, *Inl. diuus. eod. tit. Diuus? Antoninus rescripsit, Iuris studiosos qui salaria petebant, hæc exigere posse.*

Ie ne doute point que ceux qui voudront chicaner ne disent que cette Loy *Diuus*, n'a point esté faite pour les Aduocats, ains seulement pour les Docteurs & Regens de Droict; mais ils n'y trouueront pas leur compte, pour deux raisons. 1. Si le Iurisconsulte eust voulu parler des Docteurs & Regens de Droict, il eust dict, *Doctores* ou *Professores*, non pas *studiosos*. 2. Nostre Loy 1. §. *proinde*, declare nettemẽt que les Professeurs de Droict n'ont point d'action, & qu'ils se doiuent contenter de ce qu'on leur donne : C'est pourquoy l'on ne peut pas dire que cette Loy *Diuus* vueille parler d'eux.

Mais quand il faudroit demeurer d'accord, qu'elle auroit esté faite pour eux, la cause des Aduocats n'en seroit pas pire, d'autant que si les Regens de Droict, auoiẽt action, pour l'honoraire, à plus forte raison, les Aduocats la deuoient ils auoir: c'est ce quil faut examiner.

Posons pour fondement, que plus les choses sont spirituelles & releuées pardessus le commun, moins elles sont fauorables, en ce rencontre, parce que l'esprit qui les produit, n'a besoin d'aucune chose materielle, pour sa subsistance; Mais celles qui ne sont produites que par les operations du corps (qui ne peut subsister sans assistance materielle) sont en cecy parfaitement considerables, par ce que cette action ne tend qu'à quelque chose de materiel pour le corps.

Cette difference nous est enseignée au §. *Medicorum*, de nostre Loy 1. ou l'on dit que le medecin doit auoir action, bien plustost que le Professeur en Medecine, parce que le Professeur n'a pour objet que l'esprit de ses Escoliers qu'il veut instruire, & que de sa part, il n'employe que les fonctiõs du sien, sans que le corps y contribuë; & qu'au contraire, le Medecin à pour objet le corps de son malade qu'il veut guarir, & qu'il ny trauaille pas seulement de l'esprit, mais aussi du corps, lors qu'il est contraint de le visiter & de luy preparer les medicamens necessaires (ainsi que faisoient lors, les Medecins,) Adjoûtons le trauail corporel qu'vn malade cause à son Medecin, tant à la veuë, par sa mauuaise mine, qu'au nez par ses excremens & autres puanteurs, & aux oreilles par ses plaintes & langueurs.

De mesme, le Professeur de Droict n'agit que de l'esprit, & sur des esprits; mais l'Aduocat a pour visée vn procez important à son Client, de la vie, de l'honneur, ou des biens; il s'y attache particulierement, & pour y reussir voit les pieces necessaires, & confere auec luy, pour s'instruire plus parfaitement, de son affaire, enquoy souuent il perd beaucoup de temps qu'il pourroit employer plus vtilement ailleurs; Bref, il est contraint de quitter ses affaires particulieres, pour vacquer à celles d'autruy; c'est ce qui luy donne l'action, & qui le rend fauorable en Iustice.

Adioustons encore que les Professeurs font leurs leçons à tous venans, sans acception de personne, & sans y estre conuiez par aucun; c'est pourquoy leur action ne seroit pas tant bien fondée; mais les Aduocats qui ne s'entremettent iamais des affaires d'autruy, s'ils n'en sont requis; sont en bien autres termes, & ceux qui les employēt sont obligez par toute sorte de droit, de les en recognoistre.

Pour conclusion, puisque Cujas sur la Loy 7. *salarium ff. mandati*, pour monstrer que les Aduocats ont actiõ, pour l'honoraire, allegue cette Loy *1. ff. de var. & extraord. cognit.* C'est vne marque bien asseurée qu'elle est conforme à nostre proposition, plus que nostre Aduocat aueugle ne se l'est imaginé.

Cõme il n'y à rien sous le Ciel de la Lune, qui ne soit corruptible, & qui n'ait ses imperfectiõs; il n'est pas impossible aussi, que dãs l'ordre des Aduocats, tant noble soit-il, on ne trouue des impuretez, & qu'il ne s'en rencontre quelques vns qui mesprisans l'honneur auquel principalement, ils doiuent tendre, s'atachent auec infamie, au gain, & à l'argent, comme aux premiers objets de leur trauail; ce sont eux qui font bien valloir cette fausse maxime, qu'il n'y a point d'action pour l'honoraire, ils y renoncent hardiment, parce qu'elle ne leur peut estre vtile, à cause du bon ordre qu'ils y apportent; ils ne manquent iamais d'en entretenir leur Cliens, pour leur faire entendre qu'ils veulent estre payez comptant, & qu'ils ne font point de credit; ils ont encore assez souuent en la bouche cet autre brocard impie d'aucuns Medecins auares, *accipe quando dolet quia sanus soluere nolles*, & tiennent pour regle Morale d'entre eux, qu'il faut presser le Client & le faire payer, lors qu'il est au fort de ses procez, & de son mal, parce qu'alors, rien ne luy couste, & paye plus largement & beaucoup plus volontiers, & bien souuent beaucoup plus qu'il ne doit, tant il craint que son Aduocat, duquel il croit que le gain de son procez depend, ne se mécontente de luy; d'où sont venues les deffences si souuent reïterées aux Aduocats, de rien prendre de leur Cliens, auparauant le iugement des procez.

Mais ceux qui font profession d'honneur & de conscience, aymeront tousiours mieux, auoir action pour le recouurement de l'honoraire, que de se seruir de gehennes s'y denaturer turées & si contraires à la charité Chrestiéne. Les loys qu'on à faites sur ce sujet, n'ont iamais esté comme dit est, que contre ceux qui prenoiét par aduance, Tac. *lib. 2. cap. 13. ne quis ob causam orandam &c.* Pline en la 14. Epist. du 5. liure, *quam me iuuat, quod in causis agenais &c.* & dans la derniere Epist. du mesme liure, *omnes qui quid negocij haberent, iurare prius quam agerent, iubebantur, nihil se ob Aduocationẽ, cui-quam dedisse*: Mais apres le iugement des procez, l'on n'a iamais trouué mauuais, qu'ils ayent pris quelque chose, pour leur trauail, ainsi que le mesme Pline en cette, derniere Epistre, explique en termes formels & precis, *tamen negotiis peractis, Clientes permittebantur pecuniam duntaxat, decẽ milium dare*, a quoy se rapporte ce qu'en dict *Suet. in Nerone cap. 17. cautum est vt litigatores pro patrocinio [præstito] certam iustamque mercedem darent*: C'est pourquoy nous pouuons conclure, que tant s'en faut que l'action pour l'honoraire soit odieuse, qu'au contraire, elle est toute conforme à la pensée de l'Antiquité, qui n'a condamné que ce qui s'est baillé par aduance, à cause du mal qui pouuoit en reussir, non pas ce qui s'est baillé depuis, & lors qu'il ny à plus eu rien à craindre: d'où s'ensuit, qu'on n'a iamais improuué les moyens legitimes qu'ils auront recherchez, pour recouurer ce qui leur aura si iustement esté deub; nous en auons des preuues dans

dans les textes cy deuant rapportez, *in l. properandum § Illo procul dubio Cod. de iudic. l. vnic. C. de suffragio. & ibi Gloss.*

Concluons donc que tant s'en faut, que la pratique de cette action deroge à l'honneur des Aduocats; qu'au contraire, elle conuient merueilleusement à la vertu qu'ils professent; elle fera, qu'ils ne seront iamais accusez d'auoir tyrannisé leurs Cliens, ny d'auoir trop pris d'eux, puis qu'ils se seront soubmis à la balance égale de la Iustice qui ne donne iamais à personne, que ce qui iustement, luy appartient.

Finissons par cinq differences de grands poids, au iugement de cette question.

La premiere, entre vn Aduocat qui plaide ou escrit pour vn Client, en quelque procez seulement; & celuy qui trauail ordinairemēt pour luy: Au premier cas, il n'y a point d'Aduocats qui voulussent faire des procez, pour si peu de chose: Au second l'importance de la somme deuë, pourroit bien les porter à cette extremité.

La deuxiesme, entre vn Aduocat qui seulement, s'est preparé pour la Plaidoirie, ou qui a escrit en vn procez, mais qui n'a, ny plaidé ny deliuré ses escritures, & celuy qui a fait, & l'vn & l'autre: Au premier cas, il n'y va que de recompencer vn Aduocat de sa peine; *ne damnum sentiat*: Mais en l'autre, il y va encore, de rendre par le Client, le profit qu'il a tiré du trauail de l'Aduocat, *ne lucrum capiat*; quiconque prend le trauail d'autruy, s'oblige & naturelement & ciuilement à l'en reconnoistre, par ce que, *non debent labores aliorum, alij lucrum, vel fructum afferre*, & que *iure naturæ æquum est, neminem cum alterius detrimento fieri locupletiorem*.

La troiesme, entre vn Aduocat qui a simplement escrit ou plaidé pour vn Client ordinaire, sans se mesler d'autre chose; & celuy qui generalemēt a eüe la direction des affaires d'vne riche maison: Car supposé qu'au premier cas, on peust dire tout ce qu'on allegue contre les Aduocats; Il n'en seroit pas de mesme au second, auquel on ne fournit pas l'honoraire de iour à iour, ains seulement, au bout de quelque temps considerable.

La quatriesme, entre celuy qui ne peut prouuer auoir trauaillé sans payement, & celuy qui en a la preuue toute entiere: Car supposé qu'au premier cas, on pust alleguer la fin de non receuoir fondée sur la presomption de payemēt (qui est le seul pretexte qu'ō luy puisse donner) on ne pourroit pas s'en seruir quand il est constant, qu'il n'y en a point eu; Les fins de non receuoir ne sont pas introduites pour faire perdre à personne, ce qui luy est deub ny pour descharger aucun de ce qu'il doit; Mais seulement pour empescher qu'on ne fasse payer ce qui n'est pas deub, comme il pourroit arriuer souuent, si les actions estoient perpetuelles & sans bornes; c'est de la que les prescriptions ont esté tirées, & que les fins de non-receuoir ont pris leur naissance: Mais quād il est certain qu'on doit, & qu'on n'a point payé, sur qu'elle raison peut-on fonder la prescription, ou la fin non-receuoir, (lors principalement que le trauail a continué iusqu'au temps de la demande, comme la Cour le iuge tous les iours, en pareilles rencontres) il n'y auroit que les gens d'honneur, qui ne sont pas si pressans, qui s'y trouuerroient interessez, & tout au cōtraire, il ny auroit que les mauuais payeurs qui pourroiēt en profiter: l'intētion des Loys ne fut iamais, de rendre les gens d'honneur odieux, ny les auaricieux fauorablés; Bref, Dieu ne recognoist point les fins de non-receuoir, il veut que de bonne foy, l'on paye ce qu'on doit, parce que c'est le bien d'autruy, qu'on ne peut retenir sans larcin: Il est le clair-voyant qui n'ignore pas la verité des choses & le Dieu des Armées qui foudroye à l'Eternité, ceux qui se preualans de leur grandeur temporelle, refusent le payement, à ceux qui leur ont donné leur temps & leur trauail, sous l'espoir d'vne iuste recompence, qui leur seroit *subsidium vitæ*, pour l'aduenir.

La cinquiesme, entre vn Client qui despense liberalement, tous les ans, son reuenu, sans en rien espargner, & celuy qui tout au contaire, viuant de mesnage, n'en despense qu'vne partie, & met le reste en reserue : Car suppose qu'au premier cas, le Client eust suiet de se plaindre de ce qu'on ne l'auroit pas fait payer à mesure qu'on auroit trauaillé, parce que sans y penser il auroit consommé le fõd de ce payement, & ne le pourroit plus recouurer sans vendre ses heritages & diminuer honteusemeut son reuenu, & qu'au cõtraire, s'y l'on se fust fait payer de iour à iour, il en eust d'autant retranché sa despence & fust insensiblemẽt & facilement demeuré quitte, sans s'incõmoder; il est certain qu'au second cas il n'en pourroit pas dire de mesme, parce que tout ce qu'il n'a pas payé, se trouue en sa bourse, où bien il la mis à ptofit & s'en est enrichi, tellement que pour payer, il ne fait aucune perte, & ne souffre aucune incommodité, seulement, il manque à gaigner: ce n'est pas vn bon moyen pour se deffendre, contre vn homme qui demãde ce qui luy appartient, & qui ne tend qu'à se garentir d'vne perte: *fauorabiliores qui certant de damno vitando & repetunt, quod suum est, certantibus de aduentitio & captando lucro, l. 41. § in re ff. de reg. iur. & l. 14. §. 1. in fin. ff. de relig. & sumpt. funer.*

Litigat & Podagra Diodorus flacce laborat:
Sed nil Patrono porrigit; hæc Chiragra est.

Martial I.

FIN.

www.ingramcontent.com/pod-product-compliance
Ingram Content Group UK Ltd.
Pitfield, Milton Keynes, MK11 3LW, UK
UKHW022144190726
13855UKWH00003B/1325

9 782013 069700